© Peter Behrendt

Marlies Bardeli ist auf einem Bauernhof bei Uelzen aufgewachsen. Sie hat Musik und Germanistik studiert und Hörspiele und Drehbücher für Kinder- und Jugendprogramme von Rundfunk und Fernsehen geschrieben. Zur Zeit lebt sie in Reinbek bei Hamburg und unterrichtet an einem Gymnasium. Sie ist mit einem Musiker verheiratet und hat zwei Kinder. Außer »Merle kann nicht singen« sind von ihr die Bücher »Däumlings Reise zum Entchen von Tharau« und »Jakob und die Regenfrieda« (alle Sauerländer) erschienen.

Roland Thalmann ist 1935 in Straßburg geboren. Seit seiner künstlerischen Ausbildung an der Kunstgewerbeschule Zürich (wo er heute auch als Lehrer tätig ist) arbeitet er als Maler und Illustrator.

Merle ist nicht das springlebendige und kecke Mädchen. Merle ist eher still, sanft. Sie lebt mit ihrem Vater, einem Maler, in einem Wohnwagen. Die Mutter ist schon lange tot. In kurzen Episoden wird von Dingen berichtet, die Merle sieht, erlebt, empfindet. Und hinter der Alltäglichkeit öffnet sich eine Tiefe der Gefühle, entstehen Bilder, die eindringlich wie einfach sind.

Wenn andere Kinder Merle ärgern wollen, reagiert sie gelassen. Als sie ihr sagen, sie hätte keine schönen Haare, erwidert sie selbstsicher: »Doch«. Und als ein Junge sie mit seiner Stärke beeindrucken und einschüchtern will und zum Beweis seiner Kraft einen Ast abbricht, da reagiert Merle ganz anders als erwartet. »So etwas Dummes habe ich lange nicht gesehen«, sagt sie. »Du brauchst den Ast doch gar nicht.« Und geht.

»Lange Jahre waren für die bundesrepublikanische Kinderliteratur unangepaßte Kinder fast ausschließlich Fallbeispiele sozial bedingten Außenseitertums. Erst die verstärkte Hinwendung zur individuellen Befindlichkeit einzelner Kinder läßt Schilderungen wie Marlies Bardelis ›Merle kann nicht singen‹ wieder zu.
Die Episoden ihres ungewöhnlichen Lebens klagen weder an, noch rufen sie direkt zur Veränderung auf. Bilderverkauf auf dem Wochenmarkt, einfallsloser Unterricht, ein herbstliches Stoppelfeld beweisen keine gesellschaftlichen Defizite, sondern den inneren Reichtum eines Kindes, das seiner selbst inne und sicher wird.« *Die Zeit*

Marlies Bardeli

Merle kann nicht singen

Mit Bildern von
Roland Thalmann

Fischer Taschenbuch Verlag

Fischer Schatzinsel
Herausgegeben von Klaus Humann

Veröffentlicht im Fischer Taschenbuch Verlag GmbH,
Frankfurt am Main, August 1995

Gesamtherstellung: Clausen & Bosse, Leck
Printed in Germany
ISBN 3-596-80073-0

Gedruckt auf chlor- und säurefreiem Papier

Ich traf Merle und ihren Vater auf einem Rastplatz in der Nähe der Küste. Sie erzählten mir von Hollerup und von ihrem Ziel, dem Meer. Ob Merle dort singen gelernt hat, weiß ich allerdings auch nicht.

Der Wohnwagen

Merle und ihr Vater lebten in einem Wohnwagen. Darin war nicht viel Platz, aber es gab immerhin eine Schlafecke, eine Wohnecke und eine winzige Küche. In der Schlafecke waren zwei Klappbetten, eins für Merle und eins für den Vater, und über jedem hing ein Bild, damit die Wände nicht so kahl waren. Über des Vaters Bett eins von einer weißen und einer roten Amaryllis und über Merles Bett eins von ihrer Mutter. Die wohnte nicht mehr bei ihnen, und Merle erzählte jedem, der danach fragte: »Mein Vater ist ein Maler. Meine Mutter ist jetzt ein Engel.«

Dabei bezweifelte sie manchmal, daß ihre Mutter wirklich ein Engel geworden war. Sie konnte sich noch erinnern, daß die Mutter oft geweint und geschimpft hatte. Dann war sie

krank geworden und gestorben. Doch der Vater meinte, die Mutter sei gerade deswegen ein Engel geworden, weil sie in ihrem Leben auch weinen und schimpfen mußte. Und Merle ließ ihn in seinem Glauben und glaubte selbst daran, wenn sie traurig war.

Wenn es regnete, malte der Vater in der Wohnecke. Darum standen dort zwei Tische, einer mit Pinseln, Farbtöpfen, Papier und Leinwand, das war der Maltisch, und ein anderer mit einer karierten Decke, das war der Eßtisch.

Das Gemütlichste war aber doch die Küchenecke, obwohl sie so klein war, daß man sich dort nicht setzen konnte. Das Kochgeschirr hing an der Wand und klapperte, wenn der Wagen fuhr. Tassen und Teller standen in einem Schränkchen und klapperten auch, wenn der Wagen fuhr. Der Herd hatte zwei Platten, eine große für den großen Suppentopf am Mittag und eine kleine für die warme Milch am Morgen, und sogar einen Backofen für den Butterkuchen an Festtagen. Aber der geriet nur selten.

Über Merles Namen und was sie nicht konnte

»Weißt du«, sagte der Vater und legte den Pinsel aus der Hand, »eines Tages hörte deine Mutter eine Amsel, und sie sagte zu mir: ›Sei ganz still!‹ Ich war still und hörte die Amsel auch. Sie sang wunderschön. Da beschloß deine Mutter, du solltest Merle heißen; denn Merle ist französisch und bedeutet Amsel. Sie sagte: ›Ein Name ist wie ein Wunsch. Es wird ein Mädchen, und singen wird es können wie die Amsel.‹«

»Kann ich aber nicht«, sagte Merle. »Ich kann überhaupt nicht singen.«

»Das macht doch nichts«, tröstete der Vater. »Dafür kannst du viel anderes.«

Was Merle konnte

Nein, Merle konnte wirklich nicht singen. Nicht schön jedenfalls. Sie merkte es selbst; denn die Melodie saß in ihrem Kopf, zum Beispiel *Der Kuckuck und der Esel*. Aber die Stimme machte ihre eigene Melodie, und die war falsch. Das wußte Merle genau. Darum sang sie nur, wenn sie ganz allein war, *Der Kuckuck und der Esel*.

Dafür konnte Merle malen. Eine Sonne mit einem Gesicht und Augenwimpern, obwohl dem Vater die Augenwimpern nicht so sehr gefielen. Merle mochte sie gern. Sie konnte Wolken malen; die Wolken hell, den Himmel blau. So war es meistens. Manchmal aber waren auch die Wolken dunkel, und der Himmel war hell. Dann gab es Regen.

Wenn es regnete, konnte Merle dichten. Sie konnte auch dichten, wenn es nicht regnete, aber nicht so gut. Die Gedichte behielt sie im Kopf, denn sie konnte noch nicht schreiben. Das schönste war:

Der Spatz, der kann sein Nest nicht finden,
die Nacht, die hat ihn überrascht.
Da ist der Spatz vor Müdigkeit
eingeschlafen irgendwo.
Und das Nest, ganz allein,
wieget sich im Mondenschein.

Merle hatte auch eine Melodie dazu erfunden, aber wenn sie versuchte, sie zu singen, gelang es ihr nicht. Die meisten Töne waren daneben.

Malen

Merle und ihr Vater suchten etwas, das sie malen konnten.

»Da!« rief Merle. »Das Kornfeld!«

»Nein«, sagte der Vater, »ich habe nicht mehr soviel Gelb.«

»Dann nimm die Kuh auf der Weide!« schlug Merle vor.

»Du müßtest eigentlich wissen, daß ich keine Kühe malen kann«, sagte der Vater.

»Und das Mohnblumenfeld?« fragte Merle und konnte sich nicht satt sehen.

»Ich bin nicht in der Stimmung für Mohnblumen«, sagte der Vater. »Ich bin überhaupt in sehr schlechter Stimmung.«

»Dann laß doch heute das Malen sein!« rief Merle.

»Das geht nicht«, sagte der Vater.

Darum suchten sie weiter.
In Hinterbach fanden sie schließlich etwas. Die Wiese hinter dem Bach. Sie stellten die Staffeleien auf, eine große für Merles Vater und eine kleine für Merle, und sie begannen zu malen, der Vater mit einem großen, breitkrempigen Hut auf dem Kopf wegen der Sonne und weil es sich für einen Maler so gehörte, Merle mit einem kleinen, breitkrempigen Hut, auch wegen der Sonne und weil sie doch Malerstochter war.
Sie malten über eine Stunde und waren sparsam mit dem Gelb. Das Motiv war eigentlich sehr langweilig, darum malte Merle einen hellblauen Elefanten auf die Wiese. Das gefiel dem Vater, und er malte einen lila Elefanten.
»Du hast abgeguckt!« rief Merle.
»Ach was«, sagte der Vater. »Das ist die innere Übereinstimmung.«
Was das wohl bedeuten sollte, darüber dachte Merle lange nach.

Bilder verkaufen

»Heute werden wir Bilder verkaufen«, sagte der Vater eines Morgens und koppelte das Auto vom Wohnwagen ab. Merle freute sich und durfte die Bildermappe ins Auto tragen. Sie bürstete dem Vater die Jacke aus und steckte eine ganz kleine Kamillenblüte an seinen Hut. Dann fuhren sie in die nächste Stadt und hielten auf dem Marktplatz. Am Brunnen breiteten sie zwei Decken aus, legten die Bilder darauf und beschwerten jedes mit einem Stein, damit der Wind sie nicht davontragen konnte.

Viele Leute gingen vorüber. Die meisten machten einen Bogen um Merle, ihren Vater und die Bilder und schauten in eine andere Richtung. Einmal kam ein Hund, der beschnüffelte die Bilder. Dann kam ein Ehepaar, das ließ die Blicke flüchtig über die Bilder gleiten. Ein Herr murmelte etwas von ›Straßenkunst und Fußgängerbehinderung‹. Da wurde Merles Vater rot im Gesicht, wollte aufspringen und ihm etwas hinterherrufen. Doch Merle streichelte seinen Arm, das beruhigte ihn wieder. Dann überlegte sie eine Weile, stand auf und machte ein Gedicht.

Mein Vater ist ein Maler,
er malt den ganzen Tag.
Und was er liebt, das malt er,
und was er malt, das liebt er.

Jeder von den Leuten hier
liebt doch irgendwas
und will darüber reden
und will's den andern zeigen.

Mein Vater ist ein Maler,
er malt den ganzen Tag.
Und was er liebt, das malt er,
und was er malt, das liebt er.

Einige Leute blieben stehen und hörten Merle zu. Dann fing sie an, ihrem Gedicht eine Melodie zu geben.
»Nicht singen, Merle!« warnte der Vater. »Du weißt doch, singen kannst du nicht.«
Ein Herr beugte sich über die Bilder. Er betrachtete sie lange, und schließlich kaufte er die Wiese hinter dem Bach mit dem hellblauen Elefanten. Merles Bild. Es war versehentlich dazwischengeraten.
»Ich verstehe das nicht«, sagte der Vater, »mein lila Elefant lag doch genau daneben!«
Sie warteten noch eine Zeitlang, aber es kaufte niemand mehr ein Bild. Dann fing es an zu regnen.
»Meine Aquarelle!« rief der Vater. »Sie vertragen keinen Regen!«
Sie packten die Bilder zusammen und rollten die Decken ein, so schnell sie konnten.
Zu Hause im Wohnwagen machte Merle doch die Melodie zu ihrem Gedicht. Sie versuchte, sie zu singen, aber es wollte nicht klingen.
Und während Merle singen übte, saß der Va-

ter am Maltisch und dachte sich aus, wie es wäre, wenn seine Bilder in der städtischen Galerie hängen würden, und sah sich und Merle durch die Reihen der Besucher gehen, die zur Eröffnung der Ausstellung gekommen waren. Die Besucher klatschten, und er und Merle verbeugten sich.

Aber die Bilder hingen nicht in der städtischen Galerie, sondern mußten auf einem Marktplatz liegen, mit Steinen beschwert gegen den Wind. Und der Vater wurde traurig, sehr traurig.

Merles Vater ist traurig

Seit zwei Tagen saß Merles Vater im Wohnwagen und war traurig. Er saß nicht einmal am Maltisch bei seinen Pinseln und Farbtöpfen, nein, er saß am Eßtisch und starrte vor sich hin.

Merle versuchte, ihn aufzuheitern, stellte Blumen in die Vase und kochte Pfefferminztee. Aber es half nichts. Sie lief nach draußen und suchte nach einem Motiv, das ihn wieder zum Malen bringen würde. Sie fand auch eines. Ein Rabennest auf einer Buche. Als sie dem Vater davon erzählte, winkte er ab und sagte: »Ich kann jetzt nicht malen, schon gar nicht Raben. Außerdem graut mir vor Raben.«

»Warum denn das?« fragte Merle erstaunt. »Es sind schöne und kluge Vögel.«

»Mag sein«, sagte der Vater, »aber sie machen

mir angst. Jeder Mensch hat etwas, das ihn ängstigt. Bei mir sind es die Raben.«
Merle überlegte, wovor sie Angst hatte. Und sie fand auch etwas. Alleinsein und tollwütige Füchse im Wald. Nun verstand sie den Vater besser und sagte kein Wort mehr von den Raben.

Merle beschwert sich

Als der Vater am nächsten Tag immer noch traurig war, am Eßtisch saß und den Pfefferminztee nicht beachtete, stellte sich Merle vor ihn hin und sagte: »Ich möchte mich beschweren.«

»Worüber denn?« fragte der Vater.

»Ich koche seit drei Tagen, das macht mir keinen Spaß mehr, ich versuche, dich aufzuheitern, nun fällt mir nichts mehr ein, und außerdem möchte ich mal andere Gesichter sehen.«

»Du hast doch mich!« rief der Vater. »Reicht das nicht?«

»Nein«, sagte Merle. »Du sitzt nur hier herum, und deine Gedanken sind weit weg. Davon habe ich nichts.«

»Ach so«, sagte der Vater und wurde einen

Augenblick lang noch trauriger. Dann richtete er sich auf und sagte: »Du hast recht. Komm, wir gehen ins Kino!«
»Ins Kino?« rief Merle. »Wirklich ins Kino?«
Der Vater koppelte das Auto vom Wohnwagen ab, sie fuhren in die Stadt und gingen ins Kino. Es gab nur ein Kino und einen Film, der hieß *Der Mann mit dem Hut*.
»Das machen wir jetzt öfter«, sagte der Vater, als sie aus dem Kino herauskamen, und er hatte einen beschwingten Schritt. Dann lud er Merle in ein Weinlokal ein. Der Kellner machte ein bedenkliches Gesicht.
»Sie trinkt nur Saft«, beruhigte ihn der Vater. Und während er seinen Wein trank, betrachtete er lange die gegenüberliegende Wand und lächelte vor sich hin. Merle drehte sich um, aber es war eine ganz gewöhnliche Wand. Und der Vater sagte: »Wir werden einiges ändern. Ab heute.«

Der Plan

»Bevor man etwas ändert, sollte man einen Plan machen«, sagte der Vater und setzte sich an den Maltisch. Merle setzte sich an den Eßtisch und machte ein Gedicht. Aber das Gedicht wurde nichts; denn sie dachte nur an den Plan des Vaters.

»Hast du ihn fertig?« fragte sie nach einer langen, langen Weile.

»Ja«, sagte der Vater. »Du wirst in die Schule gehen. Es ist höchste Zeit dafür, du bist bald sieben.«

Merle sagte nichts, denn an die Schule hatte sie nicht gedacht.

»Und darum«, fuhr der Vater fort, »gehen wir morgen auf die Reise und suchen einen Ort, wo wir für lange Zeit bleiben können.«

Merle dachte: Eine Schule hat auch einen Lehrer. Und ein Lehrer kann mir erklären, wie man es macht, daß man eine Melodie, die man im Kopf hat, auch singen kann. Und dann sind da die anderen Kinder.

Wie die Schnecke

Sie suchten lange Zeit, bis sie einen Ort fanden, und der hieß Hollerup. Dort pachteten sie ein kleines Grundstück und stellten den Wohnwagen darauf.

»Wie einfach wir es doch haben«, sagte der Vater. »Andere Leute müssen Häuser bauen. Die bleiben dann stehen, wo sie stehen, und die Leute bleiben, wo ihre Häuser sind. Wir machen es wie die Schnecke, wir schleppen das Haus mit uns herum und stellen es dort ab, wo wir bleiben wollen.«

»Ein gutes Leben«, sagte Merle.

»Ein gutes Leben«, sagte der Vater.

Hollerup

Noch waren Ferien, einen ganzen Tag und eine ganze Nacht lang. Merle wollte sich die Schule trotzdem schon einmal ansehen, wenigstens von außen. So machte sie sich auf den Weg durch Hollerup und schaute sich die Häuser an, kleine mit einem Garten davor und große mit Hofplätzen, Scheunen und Viehställen. Vor dem schönsten blieb sie stehen und betrachtete das Wetterpferd auf dem Dach. Da kam ein Mann durch das Tor gegangen.

»Ist das dein Wetterpferd?« fragte Merle.

»Ja«, antwortete der Mann. »Ich kenne alle Kinder aus dem Dorf, aber dich kenne ich nicht. Wer bist du?«

»Ich bin Merle«, sagte Merle. »Und wer bist du?«

»Ich bin der Bürgermeister«, sagte der Mann.
»Wohl, weil du das schönste Haus hast?« fragte Merle.
»Nicht nur«, antwortete der Bürgermeister.
»Als Bürgermeister wirst du mir sagen können, wo die Schule ist«, sagte Merle.
»Aber selbstverständlich«, antwortete der Mann und beschrieb den Weg.
Merle ging weiter. Sie traf einige Katzen, die herumstreunten, eine alte Frau mit einem Einkaufskorb, sieben weiße Enten, die hintereinander die Straße entlang watschelten, und zwei Frauen mit blauen Schürzen. Dann stand sie vor einem Haus mit einem Ziegeldach. Hinter einigen Fenstern waren Gardinen und blühende Geranien. Dort wohnte sicher der Lehrer mit seiner Frau. Sechs gleiche Fenster in einer Reihe hatten keine Gardinen, nur einige Buntpapiersterne und Klebstoffreste an den Scheiben. Das mußte das Schulzimmer sein.
Da wurde die Haustür geöffnet, und ein Mann kam heraus. Er ging langsam die vier

Stufen hinunter in den Garten. Das mußte der Lehrer sein. Und es war auch der Lehrer. Er legte die Hände hinter dem Rücken ineinander und spazierte durch den Garten, betrachtete die Blumenbeete und den Rasen, zupfte an einem Zweig und ging wieder ins Haus hinein.

Der erste Schultag

Die Lehrersfrau stand am nächsten Morgen am offenen Fenster und schüttelte eine Tischdecke aus.
»Wie komme ich ins Schulzimmer?« fragte Merle.
»Hintenherum«, sagte die Lehrersfrau.
Merle ging hintenherum durch eine grüne Tür. Dann stand sie im Schulzimmer. Dort waren viele Tische, Bänke, fremde Kinder und auch der Lehrer.
»Guten Morgen«, sagte Merle, »ich bin Merle.«
»Herzlich willkommen bei uns«, sagte der Lehrer. »Setz dich neben Roswitha.«
Und Merle setzte sich neben Roswitha, obwohl Roswitha damit nicht einverstanden zu

sein schien. Sie sah Merle mißtrauisch aus den Augenwinkeln an.
Dann lernten sie das I, hoch und runter, Punkt darauf. Sie mußten es zehnmal schreiben. Merle schrieb sehr schöne Is und den Punkt jedesmal anders: als Blume, Sternchen, Herz, als Floh, Fliege, Schleife, als Mond, Sonne, Wolke und als Marienkäfer.
Danach lernten sie, daß das Salzwasser salzig ist und warum es salzig ist. Das war sehr interessant.
Dann konnten sie nach Hause gehen.
»Und wann lernen wir singen?« fragte Merle noch.
»Morgen«, sagte der Lehrer.

Herbert und Roswitha

Auf dem Nachhauseweg kam Merle über eine Brücke. Sie stand eine Weile am Geländer und schaute ins Wasser, dann ging sie weiter. Plötzlich hörte sie Rascheln und Kichern hinter den Holunderbüschen und sah einen roten Kleiderzipfel. Da sangen zwei Stimmen ein häßliches Lied.
Merle bückte sich und bog die Zweige auseinander. Dort hinten hockte Roswitha mit einem Jungen, der auch in der Schule gewesen war.
»Warum versteckt ihr euch, und warum wollt ihr mich ärgern?« fragte Merle.
Roswitha und der Junge kamen langsam hervor.
»Du hast wirklich ein Loch im Strumpf«, sagte Roswitha.

»Das kann doch jedem mal passieren«, entgegnete Merle.
»Und schöne Haare hast du auch nicht«, sagte der Junge.
»Doch«, sagte Merle.
Dann schwiegen sie einen Moment.
»Ich heiße Herbert«, sagte der Junge, »und ich bin stark.«
»Sehr stark?« fragte Merle.
»O ja«, antwortete Herbert, »willst du den Beweis?«
Und er brach einen dicken Ast von einem Baum.
»So etwas Dummes habe ich lange nicht gesehen«, sagte Merle. »Du brauchst den Ast doch gar nicht!« Dann ging sie weg.

Die Spinne

Am nächsten Morgen ließ Roswitha eine Spinne frei, die sie in einer Streichholzschachtel gefangengehalten hatte, setzte sie während der Tierkundestunde auf Merles Tisch und hoffte, Merle würde auf den Stuhl steigen und schreien. Aber Merle stieg nicht auf den Stuhl, sondern ließ die Spinne auf ihr Schulheft krabbeln. Dann fing sie sie in der hohlen Hand, stand auf und wollte hinausgehen. »Wo willst du hin?« rief der Lehrer. »Man verläßt den Klassenraum nicht während des Unterrichts.«

»Ich muß eine Spinne befreien«, sagte Merle und ging hinaus.

Sie setzte die Spinne auf ein Wegerichblatt und sah zu, wie sie ihre Beine bewegte und den

Faden spann. Dann ging sie wieder ins Schulzimmer hinein.

»Du hast einen wesentlichen Teil der Tierkundestunde versäumt«, sagte der Lehrer, »und das wegen einer Spinne. Du mußt lernen, daß so etwas nicht erlaubt ist.«

»Vielleicht lerne ich es eines Tages«, sagte Merle und setzte sich neben Roswitha.

»Hoffentlich«, sagte der Lehrer.

Zwei Holzfiguren

Am Abend, als Merle und der Vater gerade den Wohnwagen ausgefegt hatten und Merle die Schaufel draußen leerte, sah sie Herbert, der schlich dort herum.

»Hallo, Herbert!« rief Merle.

»Hallo, Merle«, sagte Herbert und kam näher, »ich habe dir etwas mitgebracht.«

Er gab Merle ein kleines Paket. Sie löste das Band und das Papier und fand zwei Holzfiguren, einen kleinen Mann und eine kleine Frau.

»Hab' ich für dich geschnitzt. Aus dem abgebrochenen Ast«, sagte Herbert, und er durfte zum Abendessen bleiben.

Buchstabengeschichte

Am nächsten Tag lernten sie das A und übten, es zu schreiben. Als Merle lange genug geübt hatte, malte sie ein besonders großes A, machte daraus ein Dach, dann ein ganzes Haus, malte zwei Leute davor und einen Zaun drumherum. Da schaute ihr der Lehrer über die Schulter und sagte: »Du sollst nicht malen, du sollst das A üben.«
»Ich übe das A«, antwortete Merle. »Dies ist nicht nur ein Bild, sondern auch eine Geschichte über das A.

Es waren einmal ein Mann und eine Frau, die lebten in einem alten Haus. Das Dach war undicht. Bei Regen tropfte das Wasser hindurch, und bei Sturm sauste der Wind durch die Stube.

›Wir müssen das Dach ausbessern lassen, bevor es Winter wird‹, sagte die Frau.
›Wir haben kein Geld‹, sagte der Mann und fror, trotz seiner dicken Jacke.
Da schaute die Frau aus dem Fenster und wurde ganz aufgeregt.
›Sieh doch!‹ rief sie. ›Da geht ein A vorbei. Kannst du dir ein besseres Dach denken? Wir werden hinausgehen und fragen, ob es uns schützen will.‹
Das A war einverstanden, setzte sich aufs Haus und ließ keinen Regentropfen mehr eindringen und keinen Wind.«

»Eine schöne Geschichte, Merle«, sagte der Lehrer, »aber ein A ist und bleibt ein Buchstabe und nichts weiter.«
»Ein I könnte eine Fahnenstange sein!« rief Herbert.
»Und ein U eine Regentonne!« rief Sabine.
»Ein O ein Reifen und ein T ein Schirm«, sagte Clara.
»Ein E ein Kamm und ein L ein Stuhl«, sagte Klaus.

»Nun ist es genug«, sagte der Lehrer.
Dann erzählte er etwas über Kieselgur in Mittelgebirgen und über das Leben der Blaumeise.

Jakob und das Stoppelfeld

Nachmittags gingen der Vater und Merle über die Felder. Sie suchten nach etwas, das sie malen konnten.
»Das Stoppelfeld dort!« rief der Vater und stellte die große Staffelei auf.
»Einverstanden«, sagte Merle und stellte die kleine Staffelei auf.
Dann malten sie und sagten kein Wort. In der Ferne fuhr ein Traktor mit einem Pflug. Vögel flatterten hinterher und suchten nach Würmern in der frisch aufgeworfenen Erde.
Merle machte ein Gedicht, während sie malte.

Da fährt eine Wolke,
hat Regen geladen,
will in den Norden,
will nach Schweden.

Da kommt ein Wind,
sagt: Mußt dich drehn!
Nach Süden soll die
Reise gehn.

Aber die Wolke
will sich nicht drehn,
bleibt, wo sie ist,
am Himmel stehn

und schüttet den Regen
über den Wind,
der schüttelt sich,
braust fort geschwind.

Und die Wolke
schwebt ganz sacht
in den Norden, nach Schweden,
wie sie anfangs gedacht.

Der Traktor mit dem Pflug dahinter war schon ganz nah. Vom Stoppelfeld war nicht mehr viel zu sehen.
»Wie gut, daß wir es gemalt haben«, sagte

Merle, »sonst wäre es für immer verschwunden.«

»Im nächsten Jahr gibt's neue Stoppeln«, sagte der Vater.

Da kam Jakob daher. Das war der Bauer, der gepflügt hatte. Er wollte sehen, ob er auch gemalt worden war.

»Mein Traktor, der Pflug und ich«, sagte er, »gut getroffen! Aber die Wolken sind falsch. Ihr habt Federwolken gemalt. Heute haben wir Haufenwolken.«

»Das ist die künstlerische Freiheit«, erklärte Merles Vater.

»Ach so«, sagte Jakob.

Dann durfte Merle eine Runde auf dem Traktor mitfahren.

Der Gutzgauch auf dem Baume saß

Seitdem war Jakob Merles Freund. Sie traf ihn nicht oft, aber er winkte immer, wenn er mit dem Traktor vorüberfuhr. Auch an diesem Morgen. Und es schien ein guter Morgen zu werden; denn endlich fiel dem Lehrer ein, mit den Kindern zu singen. Er holte seine Geige aus dem Kasten, setzte den Bogen an, und alle sangen:

»Sing und jubiliere,
Weihnachtsnachtigall«

und

»Der Gutzgauch auf dem Baume saß,
es regnete, und er ward naß.«

Der Lehrer setzte die Geige ab und fragte: »Wer singt da falsch?«

»Ich«, sagte Merle. »Ich kenne die Lieder

nicht. Aber das macht nichts. Ich singe immer so.«
»Nicht möglich«, sagte der Lehrer.
»Doch«, sagte Merle.
»Ich werde trotzdem einen Versuch machen. Wir singen jetzt ein Lied, das du kennst. Wie wär's mit *Der Kuckuck und der Esel*?« schlug der Lehrer vor.
»Kenne ich«, sagte Merle.
Und der Lehrer spielte *Der Kuckuck und der Esel*, die Kinder sangen, Merle sang auch. Aber es klang wie zuvor.
»Nimm dich zusammen«! sagte der Lehrer.
»Das nützt nichts«, antwortete Merle. »Du mußt es mir beibringen. Du bist doch Lehrer! Deshalb bin ich überhaupt nur in die Schule gekommen!«
»Ja, wie denn nur, wie?« sprach der Lehrer zu sich selbst, und zu Merle sagte er: »Sing mir nach: Lalilaaa!«
Merle sang: »Lalilaaa!« Aber ganz anders. Da lachten alle Kinder.
»Seid still!« rief der Lehrer. »Man lacht

nicht über jemanden, der nichts dafür kann. Merle ist unmusikalisch.«

»Bin ich nicht!« sagte Merle.

»Und trotzig!« rief der Lehrer.

»Nein«, sagte Merle, »ich bin auch nicht trotzig. Du kannst nicht wissen, was alles in mir ist, das weiß nur ich. Und ich weiß, daß es in mir singt und klingt. Das hört sonst niemand; denn meine Stimme macht alles falsch. Aber wenn du wüßtest, wie schön meine Melodien sind, würdest du dich wundern.«

»Ich werde darüber nachdenken«, sagte der Lehrer und packte seine Geige ein.

Die alte Margaret

»Der Lehrer kann dir auch nicht helfen«, sagte Paul auf dem Nachhauseweg. »Der Lehrer kann selbst nicht singen. Er spielt nur immer auf seiner alten Geige. Aber weißt du, wer singen kann? Die alte Margaret.«

»Wer ist das?« fragte Merle.

»Sie wohnt im Dorf«, sagte Paul. »Wenn du willst, bringe ich dich zu ihr.«

Und Paul brachte Merle zu der alten Margaret. Sie stand vor ihrem Haus und fütterte die Hühner.

»Komm, komm, komm!« rief sie. »Komm, komm, komm!«

Die Hühner und der Hahn umringten die alte Margaret, die die Körner hoch in die Luft warf.

»Ich habe gehört, du kannst singen«, sagte

Merle.
»Ja, singen. Singen ist schön!« sprach die alte Margaret.
»Dann erklär mir bitte, wie man es macht!« rief Merle.
»Heut nicht mehr, Kind«, sagte die alte Margaret, »heut bin ich müde. Komm morgen wieder!«

Das Erbsensuppenlied

Merle ging oft zu der alten Margaret, half ihr in Haus und Garten, fütterte die Hühner und hörte zu, wenn sie sang. Sie sang, bis sie müde wurde, und wußte viele Lieder. Über den Mond, über die Sonne, über die Sterne und den Wind, über Tiere, Blumen und Bäume, über Menschen, die traurig sind, und über Menschen, die fröhlich sind. Wenn es kein Lied gab über etwas, das sie besingen wollte, erfand sie eines. Etwa über die Erbsensuppe, die sie gerade kochte.

Ein Stück Schinken, ein Stück Speck,
feine Erbsen und Karotten,
Dill und Kerbel, Salz und Pfeffer,
rühren, rühren, schmecken, würzen.

Wie das brodelt, wie das dampft!
Wie das duftet, wie das mundet!
Margaret kann Suppe kochen
wie kein andrer auf der Welt.

Margaret hatte eine tiefe, klangvolle Stimme. Merle summte leise mit.
»Sing lauter!« rief Margaret und rührte die Suppe um.
»Dann klingt es noch schlimmer«, sagte Merle. »Was soll ich tun, damit ich singen lerne? Erklär's mir doch!«
»Kann ich nicht«, antwortete Margaret. »Es muß ganz von allein kommen. Wirst sehen, irgendwann, ganz von allein.«

Auf dem Marktplatz

Merle begleitete ihren Vater in die Stadt. Sie wollten Bilder verkaufen. Der Marktplatz am Rathaus war überfüllt mit Verkaufsständen und Leuten. Hier wurden Seefische angeboten, die zwischen Eisstücken lagen, dort Tomaten, Sellerie und frische Kräuter, drüben Äpfel und Bananen, daneben Kinderspielzeug und Damenkleider. Eine Hutmacherin zeigte Hüte mit Federn, Früchten und Blumen, ein Töpfer braune Krüge und Becher. Neben einem Bauern, der einige Körbe mit Junghennen um sich herum stehen hatte, fanden Merle und der Vater einen Platz für die Bilder. Sie breiteten die Decken aus, legten die Bilder darauf und beschwerten jedes mit einem Stein gegen den Wind. Die Hühner gackerten, und der Bauer schrie. Die Leute blieben stehen und

betrachteten die Bilder. Sie erkannten, daß es Motive aus der Gegend waren; denn Hollerup lag ganz in der Nähe.
»Die alte Scheune auf dem Schafsberg!« rief ein Mann.
»Der Dürener Bach«, sagte ein anderer. »Da war ich früher oft mit meinen Eltern.«
»Die glockenlose Kapelle«, sagte eine Frau. »Das ist doch die glockenlose Kapelle?«
»Ja«, antwortete Merles Vater.
Die glockenlose Kapelle stand nahe bei Hollerup. Die Glocke war in einem vergangenen Krieg eingeschmolzen worden. Seitdem war das Türmchen leer geblieben.
Und die Frau kaufte die glockenlose Kapelle.
Da kam der Bürgermeister von Hollerup und fragte: »Was machen Sie denn hier?«
»Bilder verkaufen«, antwortete Merles Vater.
»Ein Künstler aus Hollerup auf einem Wochenmarkt? Das geht doch nicht an!« rief der Bürgermeister.
»Warum nicht?« fragte Merles Vater. »Brot, Tomaten und Bilder, das paßt ganz gut zu-

sammen. Und das Brot ist notwendiger.«
»Gerede«, sagte der Bürgermeister.
»Ich habe keinen anderen Ausstellungsraum«, sagte Merles Vater.
»Wir werden schon einen finden in Hollerup«, sagte der Bürgermeister.
Und Merle und der Vater sammelten die Bilder ein, rollten die Decken zusammen und gingen mit dem Bürgermeister davon.

Die Ausstellung

Der Bürgermeister hatte einen Ausstellungsraum gefunden. Die Diele seines Hauses. Merle und ihr Vater trugen die Bildermappe in das Haus mit dem Wetterpferd und waren sehr aufgeregt. Der Vater überlegte stundenlang, in welcher Reihenfolge er die Bilder aufhängen sollte. Schließlich machte er es so, wie Merle es am Anfang vorgeschlagen hatte. Dann gingen sie zurück zum Wohnwagen und tranken Kamillentee gegen die Aufregung.

»Ob sie klatschen werden, wenn wir kommen?« fragte Merle. »Und ob wir uns wohl verbeugen müssen?«

»Ich weiß nicht«, sagte der Vater, »es ist meine erste Ausstellung.«

Am Abend wurde die Ausstellung eröffnet.

Ganz Hollerup war gekommen, auch Herbert, Paul und Roswitha, der Lehrer, Jakob und die alte Margaret. Der Bürgermeister hielt eine Rede. Dann mußten Merle und ihr Vater sich verbeugen, und die Leute klatschten.

»Siehst du?« flüsterte Merle und freute sich.

Nun gingen die Besucher langsam hin und her und betrachteten die Bilder. Sie sprachen leise, und die vielen Stimmen durcheinander klangen wie das Gesumm von Mücken im Sommer. Dazwischen klapperten die Tassen, denn Irmgard, das Hausmädchen des Bürgermeisters, schenkte Kaffee aus. Dann kamen einige Leute zu Merles Vater. Der Imker kaufte das Bild von den Bienenstöcken, die Postfrau das Stilleben *Briefkasten mit Pflanze*, und Jakob wollte das Bild vom Stoppelfeld, denn er war ja selbst darauf zu sehen, zwar klein und schwarz in der Ferne, aber immerhin. Doch Jakob hatte nicht genug Geld. Da schenkte Merles Vater ihm das Bild.

Und der Bürgermeister gab einen Auftrag. Er wollte seine Frau in Öl.

»Muß es unbedingt Öl sein?« fragte Merles Vater. »Kann es nicht auch ein Aquarell sein?«
»Nur Öl«, antwortete der Bürgermeister, »etwas anderes kommt nicht in Frage.«
Auch Herberts Mutter gab einen Auftrag. Sie wollte das Schlafzimmer und das Kinderzimmer neu gestrichen haben.
»Aber das ist eine Beleidigung!« rief der Bürgermeister. »Er ist ein Bildermaler, kein Anstreicher.«
Da bekam Herberts Mutter einen Schreck. Und weil sie so blaß aussah, sagte Merles Vater: »Ich nehme den Auftrag an. Weil Sie es sind.«

Genug zu tun

Der Vater ging jeden Morgen, wenn das Licht gut war, in das Haus mit dem Wetterpferd und malte die Bürgermeisterin. Die konnte aber nicht stillsitzen und redete von diesem und jenem. Das kostete Merles Vater viel Geduld, und er war froh, wenn er wieder hinausgehen konnte, weil die Frau Bürgermeister sagte, sie habe nun keine Zeit mehr, denn sie müsse Irmgard beim Mittagessenkochen beaufsichtigen.

Um die Mittagszeit roch es immer gut im Haus mit dem Wetterpferd, und dem Maler knurrte der Magen. Er ging zurück zum Wohnwagen und kochte mit Merle, wenn sie aus der Schule gekommen war. Einmal gab es Eier mit Löwenzahnsalat, ein andermal Hühnerbrühe mit Nudeln, und heute, heute gab es

Hasenbraten mit Pilzen. Den Hasen hatte Jakob gebracht aus Freude über das Bild, und die Pilze hatten Merle und die alte Margaret gesammelt. Das schmeckte! Kaum zu glauben, wie das schmeckte! Und hinterher mußten sie eine Stunde lang schlafen, weil sie soviel gegessen hatten.
Am Nachmittag gingen sie zu Herbert und seiner Mutter. Der Vater bemalte die Wände des Schlafzimmers und Merle die des Kinderzimmers. Bis jetzt konnte man noch nicht viel erkennen, aber Merle und ihr Vater wußten, daß es wunderschön werden würde.
Abends wuschen sie sich die Farbspritzer vom Gesicht und von den Händen und legten sich schlafen. Merle träumte vom Erbsensuppenlied und der Vater von einer nächsten Ausstellung.

Roswitha und der Frosch

Eines Nachmittags traf Merle Roswitha auf dem Kannenplatz. Roswitha war sehr beschäftigt und beugte sich über etwas Lebendiges. Merle sah, daß es ein Frosch war. Der mußte einen kleinen Spielzeugwagen ziehen. Roswitha trieb ihn mit einem Birkenzweig an.

»Spring!« rief sie. »Spring endlich!«

Merle sagte: »Du quälst ihn doch! Er kann nicht mehr! Er liegt auf dem Bauch und schnappt nach Luft.«

Dann nahm sie den Frosch und löste vorsichtig die Bänder von seinen Hinterbeinen. Der Frosch lag in ihrer Hand und mochte sich nicht mehr bewegen.

Da kam Jakob mit dem Traktor. Merle winkte, und Jakob hielt.

»Schau, Jakob!« rief Merle. »Hilf du dem Frosch!«
Jakob sagte: »Dem ist nicht mehr zu helfen. Der ist schon tot.«
Roswitha schlich davon, und Merle begrub den Frosch am Flußufer, weil sie dachte, dort hätte es ihm am besten gefallen, wenn er noch herumspringen könnte.
Mit Roswitha sprach sie kein Wort mehr, und in der Schule wollte sie nicht mehr neben ihr sitzen. Aber der Lehrer duldete es nicht, auch nicht, als er von der Froschgeschichte erfuhr.
»Ein Frosch ist kein Hund«, sagte er, »wie auch der Löwenzahn keine Rose ist. Kommt mit in den Garten! Ich will's euch zeigen. Der Löwenzahn zerstört den Rasen. Wir werden ihn herausnehmen.«
Und die Kinder gingen in den Garten. Der Lehrer ließ sie die Löwenzahnpflanzen ausgraben und auf den Kompost werfen.
»Aber sie blühen doch gerade!« sagte Merle.
»Eben deshalb«, sagte der Lehrer.

Der Löwenzahn

Einen Löwenzahn aber trug Merle vorsichtig nach Hause, um ihn neben dem Wohnwagen einzupflanzen. Er hatte noch alle Wurzeln und einen Ballen Erde.
Da kam der Vater und sagte: »Welch ein hübsches Motiv! Bleib so!« – und holte sein Malgerät.
Merle hockte im Gras, den Löwenzahn in der Hand, und der Vater malte. Er malte so lange, daß Merle fast einschlief. Dann schlief sie ganz ein und träumte.

Der Traum

Der Wind pustete alle Pusteblumensamen der Welt in den Garten des Lehrers. Nach einigen Tagen kamen die ersten zarten Löwenzahnpflänzchen aus der Erde, es wurden mehr und mehr. Sie begannen zu blühen und überwucherten das Haus bis auf die sechs Fenster des Schulzimmers. Da kam der Lehrer aus der Tür, hinter ihm seine Frau und auch Roswitha. Die drei trugen Scheren und Spaten, sie wollten den Löwenzahn vernichten. Doch Merles Mutter, der Engel, stand am Tor und verwandelte sich in einen Riesenschmetterling, nahm den Lehrer, seine Frau und Roswitha auf die Flügel, trug sie auf die höchste Eiche neben der Schafweide und setzte sie auf den höchsten Ast. Dort mußten sie bleiben, viele Tage lang.

Eine Prügelei

Neben der Schule war wirklich eine Schafweide. Dort wuchsen sieben Eichen. Am nächsten Morgen schaute Merle nach dem höchsten Ast, aber der Lehrer, seine Frau und Roswitha saßen nicht darauf. Die Lehrersfrau stand am offenen Fenster und schüttelte eine Tischdecke aus, der Lehrer und Roswitha waren im Klassenzimmer.

Als Merle eintrat, tuschelten die Kinder: »Sie hat die Geschichte von dem Frosch gepetzt, sie verdient Klassenhaue.«

Merle machte sich nichts daraus, lernte das H, lernte, wie man Torf gewinnt und was eine Hängebrücke ist. Nach der letzten Stunde liefen alle anderen Kinder schnell hinaus. Merle packte langsam die Bücher in die Tasche.

Dann schloß sie die grüne Tür hinter sich und ging zum Tor.
Dort standen die Kinder in Reih und Glied. Merle wollte hindurchgehen, aber die ersten hielten sie auf und ohrfeigten sie.
»Man petzt nicht in Hollerup!« riefen sie.
Merle war blaß, doch sie weinte nicht. Herbert rief: »Sie hatte aber recht, Roswitha ist eine ganz blöde Ziege!« Und er wehrte den Jungen ab, der als nächster dran war. Dann fing eine Prügelei an. Paul hob Merles Tasche auf und strich ihr das Haar glatt.
»Petzen darfst du nicht. Unter keinen Umständen. Nicht einmal, wenn es um Roswitha geht«, sagte er.
Merle wandte sich ab, weil sie doch weinen mußte, und ging nach Hause.

Lauter traurige Farben

Als Merle ihre Suppe aß, fielen einige Tränen hinein.

»Paß auf, daß du sie nicht versalzt!« sagte der Vater. »Warum weinst du? Erzähl's mir doch!«

Aber Merle schüttelte den Kopf.

»Man petzt nicht in Hollerup«, antwortete sie dann.

»Wenn du Kummer hast, solltest du es mir sagen. Das hat nichts mit Petzen zu tun«, sagte der Vater.

Doch Merle sagte nichts, aß ihre Suppe, ging mit dem Vater zu Herbert und seiner Mutter und bemalte eine Ecke des Kinderzimmers mit lauter traurigen Farben, mit Braun, Grau, Lila und Schwarz.

»Das sieht aber trübe aus!« rief der Vater. »Du

hast wohl vergessen, daß das ein Kinderzimmer ist?«

»Auch Kinder sind manchmal traurig«, entgegnete Merle und malte weiter. »Wenn Herbert einmal traurig ist, kann er in diese Ecke gehen, und sie wird ihm antworten, weil sie genauso traurig ist wie er.«

»Ich verstehe«, sagte der Vater und ließ Merle in Ruhe.

Als es dunkel war im Wohnwagen, Merle in ihrem Klappbett lag und der Vater in seinem, fragte Merle leise: »Schläfst du schon?«

»Noch nicht«, antwortete der Vater.

»Ich will weg von Hollerup«, sagte Merle. »Es ist nicht mehr schön hier. Und singen lerne ich hier sowieso nicht.«

Der Vater war eine Weile still. Dann fragte er: »Wenn wir morgen früh abreisen würden, täte es dir nicht ein bißchen leid?«

»Nein«, sagte Merle.

»Dann reisen wir morgen früh ab«, sagte der Vater.

Merle überlegte. »Es täte mir doch ein bißchen leid«, sagte sie dann. »Ich hätte keine Zeit mehr, mich von Margaret und Jakob zu verabschieden, von Herbert, Paul und Sabine. Die ist auch ganz nett.«

»Und ich hätte keine Zeit mehr, das Bild der Bürgermeisterin fertigzumalen. Es fehlen noch die Haare und ein Ärmel. So kann ich ihr das Bild nicht überlassen. Und Herberts Kinderzimmer? Und das Schlafzimmer?« grübelte der Vater.

»Es geht nicht anders«, sagte Merle, »wir müssen uns noch ein wenig Zeit lassen in Hollerup.«

Dann schlief sie ein.

Der Vater dachte noch eine Viertelstunde nach, dann schlief auch er ein.

Herr Häselbarth ist müde

So ging Merle weiterhin in die Holleruper Schule. Sie sprach nur, wenn sie gefragt wurde, und schaute Roswitha nicht an. In der Pause saß sie zwischen Herbert und Paul abseits im Gras. Manchmal kam auch Sabine.

Sie schrieb die Buchstaben wie die anderen Kinder und malte keine Wolken, Herzen und Marienkäfer mehr über die Is.

»Merle, du bist vernünftiger geworden«, sagte der Lehrer.

»Wenn vernünftiger bedeutet, daß man nicht mehr fröhlich ist, hast du recht«, antwortete Merle und schrieb ein großes T.

Nachmittags war sie bei der alten Margaret oder saß allein im Wohnwagen, während der Vater irgendwo malte.

Einmal ging sie in den Laden, um Brot, But-

ter und gelbe Farbe zu kaufen, denn das Gelb war schon wieder aufgebraucht.
»Es ist zu komisch«, hatte der Vater gesagt, »ich muß eine ungewöhnliche Vorliebe für Gelb haben, immer sind die Töpfe leer.«
Im Laden hatten sie kein Gelb.
»Wir sind ein Lebensmittelgeschäft«, erklärte Frau Wandelt. »Farben gibt es in der Stadt bei Tafelmann und Deike.«
»Für meinen Vater ist Gelb ein Lebensmittel«, sagte Merle, »aber das kannst du ja nicht wissen.«
Da kam Herr Häselbarth herein. Frau Wandelt holte einen Stuhl und sagte: »Setzen Sie sich, Herr Häselbarth! Sie müssen sehr müde sein.«
»Bin ich auch«, antwortete Herr Häselbarth, setzte sich, lehnte die leere Einkaufstasche an ein Stuhlbein und schlief ein, den Kopf vornübergeneigt, die Unterarme auf den Knien.
Merle staunte.
»Wie kann man nur so müde sein?« fragte sie.
»Herr Häselbarth ist immer müde«, sagte

Frau Wandelt. »Er muß einen weiten Weg machen, um Milch, Eier und Butter zu holen, denn er wohnt auf der anderen Seite des Flusses. Es gibt nur eine Brücke, die ist weit weg von seinem Haus.«

»Dann müßte jemand anders für ihn einkaufen«, überlegte Merle, »jemand, der jünger ist und schneller laufen kann.«

Da wachte Herr Häselbarth auf.

»Wie alt bist du, Herr Häselbarth, schon hundert?« fragte Merle.

»Noch nicht ganz«, antwortete Herr Häselbarth und lächelte.

»Paß auf«, sagte Merle, »du kaufst jetzt ein, und ich trage dir die Tasche nach Hause. Dann weiß ich, wo du wohnst. Und morgen brauchst du nicht mehr müde zu sein, du wirst schon merken, warum.«

Das Klavier

Merle sorgte für Herrn Häselbarth, wie sie es sich vorgenommen hatte. Margaret beklagte sich schon: »Du kommst nur noch so selten!«

Und Herbert, Paul und Sabine wunderten sich, daß Merle soviel Zeit bei einem alten Mann verbrachte.

Doch Merle fand ihn gar nicht alt. Sie fand ihn so jung wie sich selbst, bis auf die paar Falten. Nur wußte er viel mehr als sie. Er sagte, die Bücher hätten es ihm erzählt und die Vögel, die weitgereisten. Sein Haus war klein, die Einrichtung einfach. Die Wände waren weiß getüncht und von hellen Hölzern gehalten. In der Stube stand ein Klavier.

»Kannst du darauf spielen?« fragte Merle.

»Ein wenig«, antwortete Herr Häselbarth und spielte eine Sonate von Joseph Haydn.
»Das war wunderbar!« rief Merle, als er geendet hatte. »Wunderbarer geht es nicht.«
»O doch!« sagte Herr Häselbarth und erzählte von Konzerten, die er in der Stadt gehört hatte, als er noch jünger gewesen war.

Kein trauriger Vogel

Am nächsten Tag spielte Herr Häselbarth eine Sonate von Wolfgang Amadeus Mozart und am folgenden ein Lied ohne Worte von Felix Mendelssohn-Bartholdy.

»Du, Herr Häselbarth«, sagte Merle aufgeregt, »ich habe sogar Lieder mit Worten! Die habe ich selbst gemacht. Nur kann ich sie nicht singen, und keiner hört sie außer mir. Was macht man da?«

»Man schreibt sie auf«, antwortete Herr Häselbarth.

»Ich kann erst ein bißchen schreiben«, sagte Merle, »nur einzelne Buchstaben. Wie sollte ich dann Musik aufschreiben können, eine Melodie oder gar die passenden Klänge dazu?«

»Ich werde es dir zeigen«, sagte Herr Häsel-

barth und suchte nach Notenpapier. Sie übten den ganzen Nachmittag lang.
»Es ist zu schwer!« sagte Merle am Abend. »Wenn eine Amsel nicht singen könnte, wenn sie nur auf fünf Notenlinien schreiben könnte, wäre sie dann nicht ein trauriger Vogel?«
»Ach, was«, antwortete Herr Häselbarth. »Sie wäre eine Komponistin. Und was sie innen sänge, würde auf eine andere Weise nach außen dringen.«

Zwei Zimmer zum Staunen

»Papa, ich will Komponistin werden«, sagte Merle.

»Das ist ein vernünftiger Gedanke«, antwortete der Vater. »Von mir aus kannst du Komponistin werden. Aber vielleicht hilfst du mir heute trotzdem beim Malen. Wie soll ich sonst fertig werden? Ich möchte ans Meer, endlich einmal ans Meer! Ich habe noch nie das Meer gemalt. Kannst du dir das vorstellen?«

»Nein«, sagte Merle und ging mit dem Vater zu Herbert und seiner Mutter. Sie malte eine Wiese mit Schlüsselblumen neben die traurige Ecke, dann einen Waldboden mit Moos und Gestrüpp, Buschwindröschen und Veilchen und darüber einen zartblauen Himmel. Es sollte ein Frühlingsmorgen sein.

Währenddessen hatte der Vater einen Sommerabend gemalt. Die Farben waren verschwommen, wie man sie in der Dämmerung sieht, über die Zimmerdecke zogen die Sterne, und in der Ecke leuchtete der Mond.

Herbert rief: »Das ist aber schön geworden!«

Doch Herberts Mutter sagte: »Ich hatte es mir eigentlich etwas schlichter gedacht. Vielleicht brauche ich Zeit, um mich daran zu gewöhnen.«

»Dann nehmen Sie sich die Zeit, die Sie brauchen, gnädige Frau«, sagte Merles Vater, drehte einen leeren Farbtopf um und wies ihn Herberts Mutter als Sitzgelegenheit an. Sie ließ sich nieder, zog ihren Rock zurecht und betrachtete die Wände. Nach einigen Minuten sagte sie: »Nun habe ich mich daran gewöhnt. Es sind nicht mehr Kinderzimmer und Schlafzimmer, sondern zwei Zimmer zum Staunen.«

Auf dem Nachhauseweg fragte Merle: »Meinst du, sie haben unsere Malereien verstanden?«
»Ja, doch«, antwortete der Vater. »Ich glaube schon.«

Eine Brücke für Herrn Häselbarth

»Du, Herr Häselbarth«, sagte Merle, »wir müssen uns mit dem Notenlernen beeilen. Mein Vater ist bald fertig mit dem Bild der Bürgermeisterin. Es fehlt nur noch der eine Ärmel. Wenn der gemalt ist, werden wir abreisen.«

»Das ist aber schade«, sagte Herr Häselbarth. »Ich werde dich sehr vermissen.«

Er erklärte Merle zwei neue Töne auf dem Klavier und die Noten dazu. Dann fiel ihm wieder ein, was sie gesagt hatte.

»Wohin wollt ihr denn reisen?« fragte er.

»Ans Meer«, antwortete Merle, »das hat mein Vater noch nie gemalt.«

»Ein gewichtiger Grund, Hollerup zu verlassen«, fand auch Herr Häselbarth.

»Aber was wird aus dir?« fragte Merle. »Du

wirst wieder einkaufen gehen und müde werden. Frau Wandelt wird dir einen Stuhl anbieten müssen. Das darf nicht sein.«

Am nächsten Tag fragte sie den Lehrer: »Du hast uns neulich erklärt, was eine Hängebrücke ist. Vielleicht kannst du mir auch sagen, wie man eine ganz gewöhnliche Brücke über einen kleinen Fluß baut?«
»Ich werde es versuchen«, antwortete der Lehrer und schlug in einem Buch nach. Dann zeichnete er eine Brücke an die Tafel und erklärte etwas von langen Seitenhölzern, Zwischenhölzern, die quer dazu liegen müßten, und sechs Pfählen im Wasser.
Nach der Schule fragte Merle Herbert, Paul und Sabine, ob sie ihr helfen würden, eine Brücke für Herrn Häselbarth zu bauen. Herbert und Sabine waren begeistert und wollten am liebsten gleich anfangen. Doch Paul sagte: »Woher sollen wir das Holz nehmen, einen Wagen, es zu transportieren, und das nötige Handwerkszeug? Bevor wir anfangen, sollten wir lieber einen Plan machen.«

»Das sagt mein Vater auch immer.« Merle lachte.

Eine Brücke bauen ist nicht leicht

Merles Vater zeichnete einen Plan und errechnete die Länge der Hölzer. Herbert und Paul fragten den Sägereibesitzer und den Förster und bekamen Abfallholz geschenkt. Merle und Sabine besorgten einen Karren, der nicht zu schwer war, und zu viert zogen sie das Holz zum Bach. Von Pauls Vater bekamen sie Nägel und Schrauben, vier Hämmer und was sie sonst noch brauchten. Als sie alles beisammen hatten, setzten sie sich ins Gras und wußten nicht, wie sie anfangen sollten.

»Wie war das noch?« fragte Paul. »Zuerst werden die Pfähle gesetzt, hat der Lehrer gesagt.«

»Das mache ich, ich bin der Stärkste«, sagte Herbert und trug einen Pfahl ans Ufer. Er kletterte ins Wasser. Merle, Paul und Sabine

schoben ihm den Pfahl entgegen, und er versuchte, ihn in das Flußbett zu rammen.
»Es geht nicht!« rief Herbert und keuchte. »Schlagt mit den Hämmern obendrauf!«
Merle, Paul und Sabine schlugen mit den Hämmern obendrauf. Da kam Herr Häselbarth über die Wiese.
»Was macht ihr denn da?« fragte er.
»Wir bauen dir eine Brücke. Dann brauchst du nicht mehr so weit zu laufen und wirst nicht mehr müde sein«, antworteten sie.
»Eine Brücke, nur für mich?« rief Herr Häselbarth überrascht.
»Ich weiß gar nicht, was ich sagen soll, so sehr freue ich mich.«
»Und es wird eine wunderbare Brücke werden«, sagte Herbert. Er strengte sich sehr an, und dann ließ er den Pfahl los. »Seht ihr? Er steht!« rief er stolz. »Nun zum nächsten!«
»Ist er nicht ein bißchen zu wackelig?« fragte Merle. »Sonst fällt Herr Häselbarth noch ins Wasser, wenn er über die Brücke geht.«
»Ihr solltet die Pfähle unten anspitzen, dann geht es leichter«, riet Herr Häselbarth.

»Wie macht man das?« fragte Paul.
»Wartet, ich hole eine Axt«, sagte Herr Häselbarth, war gleich zurück und half, so gut er konnte.
Da kam der Bürgermeister gegangen.
»Was soll denn das werden?« fragte er.
»Eine Brücke für Herrn Häselbarth«, antwortete Merle.
»Eine Brücke in meiner Gemeinde? Die muß aber von mir genehmigt werden!« sagte der Bürgermeister.
»Du kannst sie gern genehmigen«, antwortete Merle, »dagegen haben wir nichts. Herr Häselbarth braucht seine Brücke. Er hat einen viel zu weiten Weg ins Dorf. Das macht ihn müde.«
»Das seh ich ein«, sagte der Bürgermeister. »Also gut, ich genehmige die Brücke. Aber ich werde euch Jakob und Herrn Diersen zur Hilfe schicken.«
»Wir wollten die Brücke doch ganz allein bauen«, sagte Paul verärgert, »und nun kommen Jakob und Herr Diersen. Ich hab' schon keine Lust mehr.«

Da kippte Herberts Pfahl um und schwamm davon.
»Vielleicht ist es doch ganz gut, daß Jakob und Herr Diersen kommen«, sagte Paul.

Wenn die Frösche Riesen wären

Jakob und Herr Diersen verstanden wirklich etwas vom Brückenbauen. Nach kurzer Zeit saßen die sechs Pfähle fest im Flußbett. Selbst wenn ein Flußpferd dagegengeschwommen wäre, hätten sie nicht gewackelt. Trotz Jakob und Herrn Diersen gab es für Merle und ihre Freunde noch genug zu tun. Deshalb freuten sie sich, als andere Kinder kamen und ihre Hilfe anboten. Die Bürgermeisterin schickte Irmgard mit einer Kanne Tee und einem Korb voller Semmeln. Da machten sie eine Pause, aßen, redeten und kühlten die Füße im Wasser. Herr Häselbarth erzählte Geschichten von früher und Jakob von Landmaschinen und Erntegewittern.

Als sie wieder bei der Arbeit waren, kam Ros-

witha und schaute von ferne zu. Dann kam sie näher und wollte auch helfen.
»Bleib lieber, wo du bist!« rief Merle. »Hier gibt es Frösche, scharenweise!«
Und sie erfand ein Lied.

»Wenn die Frösche Riesen wären,
würde Roswitha laufen,
wenn die Frösche Riesen wären,
würde Roswitha weinen
und zittern vor Angst,
gefangen zu werden,
und würde gefangen,
müßt' sitzen am Bach.

Müßt' für die Frösche Mücken fangen,
Fliegen und auch Spinnen,
müßte für sie saubermachen,
schütteln ihre Betten
und Lieder singen
die ganze Nacht,
ihnen die grünen
Nacken kraulen.

Wenn die Frösche Riesen wären,
würde Roswitha laufen,
wenn die Frösche Riesen wären,
würde Roswitha weinen.«

Da rannte Roswitha davon und versteckte sich hinter einem Brombeergebüsch.
»Laß sie doch helfen, Merle!« sagte Paul. »Vielleicht wird sie dann netter.«
Merle sah eine Zeitlang zum Brombeergebüsch hinüber. Dann stand sie auf und holte Roswitha.

Das Einweihungsfest

Endlich war die Brücke fertig. Alle, die geholfen hatten, versammelten sich zu einem großen Fest. Es kamen auch viele, die nicht geholfen hatten, und bestaunten die Brücke. Herr Häselbarth mußte einmal feierlich über den Steg gehen, und auf dem Rückweg zündete er die Kerzen in den Lampions an, die an einer Schnur schaukelten. Die Leute riefen »Ah!« und »Oh!«, als sich die Lichter im Wasser spiegelten.

Nachdem der Bürgermeister eine Rede gehalten hatte über die Gemeinde Hollerup und Jakob und Herrn Diersen, hielt Herr Häselbarth eine Rede über Merle, Paul, Herbert und Sabine und über alle anderen Kinder, die geholfen hatten. Dann trugen vier starke Männer das Klavier über die Wiese, und Herr Häsel-

barth spielte so schön wie noch nie ein Stück von Christoph Willibald Gluck.
Anschließend tranken die Erwachsenen Wein und die Kinder Apfelsaft. Als sie in Stimmung war, begann die alte Margaret zu singen von Bergen und Tälern, von Leuten, die einander liebhaben, und vom armen Augustin.
Als das Fest fast vorüber war, sagte Merles Vater: »Wollen wir uns jetzt verabschieden oder einfach gehen? Vergiß nicht, wir reisen morgen früh ans Meer.«
»Wir gehen einfach«, antwortete Merle. »Sie sind alle so laut und lustig und denken sicher an etwas ganz anderes.«

Die Abreise

Am nächsten Morgen fuhren Merle und der Vater ganz langsam zum letzten Mal durch Hollerup. Da war die große Brücke, drüben das Haus mit dem Wetterpferd, rechts der Laden von Frau Wandelt, daneben das Haus von Herbert und seiner Mutter, weiter hinten das der alten Margaret, hinter den Bäumen, nicht mehr zu sehen, die neue Brücke und Herrn Häselbarths Haus.
Dann fuhren sie an der Schule vorbei. Merle war gespannt und erwartete, daß der Lehrer, seine Frau und alle Kinder vor der Tür stehen und ›Auf Wiedersehen, Merle!‹ rufen würden, vielleicht nur Roswitha nicht. Sie hoffte, neben der Schafweide die alte Margaret und Herrn Häselbarth zu sehen, die mit großen Tüchern winken würden, und am Ortsaus-

gang hätte Jakob mit seinem Traktor warten müssen, ein Stück neben Merle und ihrem Vater herfahren, grüßen und lachen. Aber es war niemand da.
So wurden nur die Häuser und Bäume kleiner und in den Häusern, unsichtbar für Merle, die Menschen, die sie kennengelernt hatte.
»Sei nicht traurig und freu' dich aufs Meer! Am Meer wirst du singen lernen, ich bin ganz sicher!« sagte der Vater.
»Glaube ich nicht«, antwortete Merle. »Außerdem will ich Komponistin werden, das weißt du doch.«
»Hatte ich ganz vergessen«, sagte der Vater. »Wenn du Komponistin wirst, schenke ich dir ein Klavier.«
»Das paßt nicht in den Wohnwagen«, gab Merle zu bedenken.
»Dann ein Schifferklavier. Das ist doch fast das gleiche«, sagte der Vater.